ÉTUDE

SUR

LA LOI DU 23 MARS 1855

SUR LA

TRANSCRIPTION HYPOTHÉCAIRE

Principalement dans ses rapports avec les Notaires

⁂

RAPPORT

FAIT

PAR Me ROLAND, NOTAIRE A TOULON

A l'Assemblée générale des Notaires de l'arrondissement de Toulon

LE 16 NOVEMBRE 1880

⁂

TOULON

IMPRIMERIE ÉMILE COSTEL, COURS LAFAYETTE, 74

1881

Fꝰ Pièce 516.

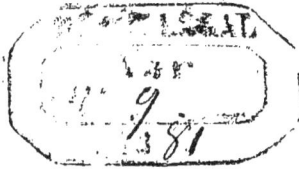

ÉTUDE

SUR LA

Loi du 23 mars 1855

SUR LA

TRANSCRIPTION HYPOTHÉCAIRE

ÉTUDE

SUR

LA LOI DU 23 MARS 1855

SUR LA

TRANSCRIPTION HYPOTHÉCAIRE

Principalement dans ses rapports avec les Notaires

⁓⦿⁓

RAPPORT

FAIT

PAR Me ROLAND, NOTAIRE A TOULON

À l'Assemblée générale des Notaires de l'arrondissement de Toulon

LE 16 NOVEMBRE 1880

⁓⦿⁓

TOULON

IMPRIMERIE ÉMILE COSTEL, COURS LAFAYETTE, 74

1881

ÉTUDE

SUR LA

LOI DU 23 MARS 1855

SUR LA

TRANSCRIPTION HYPOTHÉCAIRE

MONSIEUR LE PRÉSIDENT,

MESSIEURS ET CHERS COLLÈGUES,

Traiter une question de droit devant des hommes compétents, versés dans l'étude de la matière, est chose toujours délicate.

Aujourd'hui, appelé à l'honneur de porter la parole, je sens plus que jamais le poids de la charge qui m'incombe, alors surtout que je succède à des collègues dont les brillantes dissertations ont révélé une fois de plus le mérite et le talent.

Quoiqu'il en soit, je remplirai ma tâche; mais je réclame à l'avance pour mon modeste travail, toute votre bienveillante indulgence.

MESSIEURS,

La tradition, dans toutes les législations primitives, a toujours été un fait inséparable de la transmission de la propriété.

D'après le droit romain, le simple pacte, *pactum nudum*, ne suffisait pas pour transférer la propriété, s'il n'était accompagné de la tradition. D'abord on exigea la mise en possession réelle et effective; plus tard, on se contenta de la tradition feinte ou symbolique, on alla même jusqu'à remplacer celle-ci par la clause dite de constitut ou de précaire, clause qui devint bientôt de style dans les actes et dont on retrouve encore la trace dans la rédaction de certains contrats.

Dans l'ancien droit germanique, la tradition était entourée du cortége des solennités sacramentelles et du matérialisme de la forme propre aux civilisations naissantes. Les formules du temps ont encore conservé la pantomime du gazon livré à l'acheteur de la terre, celle de la branche d'arbre, du bâton, du couteau, du glaive remis entre ses mains en présence de témoins *ad hoc*. Le gazon était le symbole de la terre; la branche d'arbre, le signe des produits qui ornent la superficie;

le bâton, le couteau, le glaive, l'indice de la maîtrise et de l'autorité du propriétaire qui a le droit de commander et même de détruire.

Ces formes symboliques et toutes maté- rielles disparurent peu à peu, avec une civi- lisation plus avancée, sous le régime féodal, et on leur substitua une simple reconnais- sance du contrat.

C'est donc dans le droit féodal qu'il faut aller chercher l'origine de la transcription. Dans les coutumes, en effet, la transmission immobilière n'était parfaite qu'après l'accom- plissement de certaines formalités appelées de divers noms, selon les coutumes, tels que vest et dévest, saisine et dessaisine, adhéri- tance et déshéritance, devoirs de loi, mises de fait, main-assise, etc.

Personne, dit l'article 1er du chapitre 94 des chartes générales du Hainaut, ne pourra vendre, charger, donner, changer, bailler à rente, ni, en autre manière, aliéner ses fiefs que par déshéritance par devant les seigneurs ou baillis et hommes de fief dont ils seront tenus.

Suivant la doctrine des feudistes, les sei- gneurs étaient, dans l'origine, propriétaires de tous les héritages situés dans l'étendue de leur souveraineté ; d'où la maxime : Nulle terre sans seigneur. Dans la suite ils en avaient

inféodé ou accensé une partie à leurs vassaux,
mais en retenant le domaine direct ; en sorte
que ceux-ci ne pouvaient se dire propriétaires
absolus, mais n'étant en quelque sorte que de
simples bénéficiers, étaient obligés à chaque
mutation du fief, de faire intervenir le seigneur suzerain, pour qu'il donnât l'investiture
au nouveau propriétaire.

De là l'origine du nantissement.

Les deux contractants, porte l'article 264
de la coutume de Péronne, doivent compa-
raitre devant le bailli ou lieutenant du lieu et
aller déclarer en présence du greffier et des
deux témoins, le contrat qui aura été fait,
dont sera fait acte qui vaudra dessaisine et
saisine, sans autre solennité.

L'ensaisinement avait cet effet, dans les
coutumes où il était admis, que seul il pouvait
dessaisir l'ancien propriétaire au profit du
nouveau. Ainsi, l'on ne se contentait pas dans
ces coutumes, comme dans celles qui s'étaient
attachées au droit romain, de la tradition
réelle ou feinte ; on y exigeait comme condition
sine quà non de la transmission de propriété,
une tradition solennelle, celle résultant du
vest ou du devest ou de l'ensaisinement.

Toutefois, le contrat, avant sa réalisation,
n'était pas absolument nul entre les parties,
et l'acheteur avait une action personnelle pour

se faire investir, contre le vendeur qui ne l'ensaisinait pas. Ce n'était pas là, sans doute, quelque chose que l'on puisse comparer aux effets que le Code civil attache au contrat de vente, lequel transfère, *ipso jure*, la propriété à l'acheteur sans le concours de la tradition ; c'était tout simplement une action pour obtenir, par la voie de la justice, cette tradition solennelle que contrairement à son engagement le vendeur n'effectuait pas.

Bien plus, c'était seulement par rapport aux tiers que les formalités du nantissement étaient nécessaires pour transmettre à l'acquéreur, qui s'était mis en possession, la propriété de l'immeuble. Dès lors, déjà, se faisait sentir l'utilité d'entourer de formes protectrices, la transmission de la propriété même et de son crédit. En effet, un placard de Charles-Quint du 10 février 1538 et un autre de Philippe II du 6 décembre 1586, en établissant l'impossibilité d'aliéner ou de charger aucun héritage sans le secours du nantissement, déclaraient que c'était en vue de prévenir les fraudes et les stellionats. Il fallait donc pour la validité des devoirs de loi qu'ils fussent passés avec toutes les solennités requises, enregistrés au greffe des juges qui les avaient reçus, afin qu'on pût y recourir au besoin.

Plus tard, un arrêt du Parlement de Paris du 29 novembre 1599 enjoignait aux juges et aux greffiers de faire un registre pour inscrire les nantissements par ordre, et leur défendait de laisser les actes en feuilles, à peine de répondre en leur nom des dommages intérêts des parties. Ce registre était public et devait être donné en communication à tous ceux qui pouvaient avoir intérêt à le consulter.

Telle était la procédure suivie dans les pays de nantissement.

Dans les autres, en Bretagne, par exemple, ce qui s'appelait ailleurs ensaisinement recevait le nom d'appropriance ou d'appropriement. Quant aux formes, elles consistaient dans trois publications ou bannies que devait faire le nouveau possesseur tant de son contrat que de sa prise de possession par trois dimanches successifs. Ces publications étaient une mise en demeure pour quiconque avait ou prétendait avoir un droit réel dans ces biens, de former une opposition devant le juge qui devait faire l'acte d'appropriement. L'appropriance purgeait donc les hypothèques.

Cet état de choses se prolongea jusqu'en 1789, époque de la suppression des seigneuries, suppression qui entraînait par voie de conséquence, l'abolition des formalités du nantissement.

Alors parurent successivement : le décret du 19 septembre 1790 qui prescrivait la transcription des grosses des contrats d'aliénation ou d'hypothèque, laquelle devait remplacer le nantissement et suffire pour consommer les aliénations et les constitutions d'hypothèque ; — la loi du 9 messidor an III — et celle du 11 brumaire an VII qui établit un régime hypothécaire nouveau applicable à toute la France.

La loi de brumaire adopta, pour la publicité des hypothèques et pour la consolidation de la propriété immobilière, le système des pays de nantissement. L'article 26 portait : « Les « actes translatifs de biens et droits suscep- « tibles d'hypothèque doivent être transcrits « sur les registres du bureau de la Conserva- « tion des hypothèques dans l'arrondissement « duquel les biens sont situés. Jusque-là ils « ne peuvent être opposés aux tiers qui au- « raient contracté avec le vendeur et qui se « seraient conformés aux dispositions de la « présente. »

Ainsi, dans le système de cette loi, comme sous sa législation propre aux pays de nantissement, entre deux acquéreurs ou donataires de biens immeubles, celui-là devait être préféré, qui avait fait transcrire le premier son contrat, quoique ce contrat fût postérieur en date à celui de l'autre acquéreur ou donataire.

Ce système subit bientôt des modifications importantes. Ainsi, les rédacteurs du Code civil, tout en maintenant le principe de la publicité de l'hypothèque, firent prévaloir, pour la vente, la règle que le contrat se forme et se lie par le seul consentement des parties; et malgré l'ambiguïté de la rédaction de l'article 1583, où avait été déposé comme le germe du principe consacré par la loi de l'an VII, la jurisprudence déclara la règle applicable aux tiers comme au vendeur lui-même. La transcription néanmoins fut conservée, mais seulement comme formalité préalable de la purge des priviléges ou de l'hypothèque.

Il en fut autrement pour les donations et les substitutions portant sur des biens susceptibles d'hypothèque, pour lesquelles la transcription resta comme une formalité essentielle à leur validité, non point entre les parties, mais à l'égard des tiers (C. C. 939 et suiv. — 1069 et suiv.).

Le Code de procédure, sans revenir au principe absolu de la loi de brumaire an VII, modifia, quant à l'inscription du privilége ou de l'hypothèque, la règle établie par le Code civil pour les aliénations à titre onéreux. L'art. 834 accorda aux créanciers qui, ayant privilége ou hypothèque sur un immeuble, ne les auraient pas fait inscrire antérieurement à l'aliénation de cet immeuble, la faculté de prendre inscription postérieurement à l'acte translatif de propriété, mais au plus tard dans la quinzaine de la transcription de cet acte.

L'exercice de cette faculté fut néanmoins soumis à une double condition : la première, qu'il s'agit d'aliénation volontaire, non d'expropriation forcée ; la seconde, que la vente fût postérieure au Code de procédure.

Cette législation devait bientôt être réformée. Après une expérimentation suffisante pour pouvoir en apprécier les effets, elle fut jugée imparfaite et on demanda, de toutes parts, le retour à la loi de brumaire et même une application plus large du principe de la publicité par rapport aux actes translatifs de biens et droits susceptibles d'hypothèques.

En 1841, le Gouvernement s'occupa de la réalisation de ces vœux. Un projet général de réforme hypothécaire fut conçu, et après de longs travaux préparatoires, il fut discuté dans le sein de l'Assemblée nationale en 1850 et 1851. Ce projet fut conduit jusqu'à la 3e lecture et il aurait été infailliblement converti en loi, sans les graves événements qui survinrent et qui mirent fin à l'existence politique de cette Assemblée.

Quoiqu'il en soit, ce sont les études qu'avait

nécessitées ce projet qui inspirèrent ceux qui furent peu de temps après, appelés à mettre la dernière main à l'œuvre ébauchée : et c'est ainsi que nous sommes arrivés à la loi du 23 mars 1855, qui fait l'objet principal de ce travail.

J'ai cru devoir vous présenter le résumé historique que je viens de retracer pour vous mettre sous les yeux le travail lent et progressif qui a été fait dans l'espèce qui nous occupe, et vous faire suivre les phases diverses qu'a traversées cette grave question de notre régime hypothécaire.

Je vais maintenant aborder la discussion de notre loi, en omettant ce qui a pour nous un intérêt médiocre, mais en m'attachant davantage aux points qu'il nous importe d'étudier.

Transcrire, dans le langage juridique de nos jours, s'entend de l'accomplissement d'une formalité destinée à procurer aux tiers, créanciers ou acquéreurs, la publicité matérielle des mutations de la propriété immobilière et des démembrements ou charges qui peuvent en altérer la valeur.

Or, d'après la loi du 23 mars 1855, cette formalité est requise pour :

1° Tout acte entre-vifs translatif de propriété

immobilière ou de droits réels susceptibles d'hypothèque;

2° Tout acte portant renonciation à ces mêmes droits;

3° Tout jugement qui déclare l'existence d'une convention verbale de la nature ci-dessus exprimée;

4° Tout jugement d'adjudication autre que celui rendu sur licitation au profit d'un cohéritier ou d'un co-partageant;

5° Tout acte constitutif d'antichrèse, de servitude, d'usage et d'habitation;

6° Tout acte portant renonciation à ces mêmes droits;

7° Tout jugement qui en déclare l'existence en vertu d'une convention verbale;

8° Les baux d'une durée de plus de dix-huit années;

Et 9° Tout acte ou jugement constatant, même pour bail de moindre durée, quittance ou cession d'une somme équivalente à trois années de loyers ou fermages non échus.

Cette nomenclature n'est pas complète.

En fait, les actes de nature à être transcrits se divisent en trois classes : les actes à titre onéreux, les jugements et les actes à titre gratuit. Les deux premières sont régies par la loi de 1855; la troisième, par le Code civil.

Le cadre réservé à cette conférence me dis-

pense de l'étude des questions relatives aux
deux dernières classes ; je me bornerai donc
à traiter sommairement ce qui a trait à la
première.

Les actes auxquels s'applique la loi du 23
mars 1855, sont compris dans les six catégo-
ries qui suivent :

1° Les actes entre-vifs, à titre onéreux,
translatifs de propriété immobilière ;

2° Les actes de même nature translatifs de
droits réels susceptibles d'hypothèque ;

3° Les actes de même espèce, constitutifs ou
translatifs d'antichrèse, de servitude, d'usage
et d'habitation ;

4° Les actes entre-vifs portant renonciation
à des droits de la nature ci-dessus exprimée ;

5° Les baux d'une durée de plus de dix-huit
années ;

Et 6° les quittances ou cessions de loyers
ou fermages non échus.

La loi de 1855 prescrit la transcription de
tout acte *entre-vifs*, translatif de propriété immobilière ; elle n'impose donc pas cette formalité aux mutations par décès ni aux testaments. Il en était de même du nantissement
dans la plupart des coutumes qui admettaient
cette formalité. La loi de brumaire, au con-

traire, en n'exceptant pas les testaments les avait implicitement soumis à la transcription. La commission instituée en 1849 pour préparer un projet de loi sur la réforme hypothécaire, jalouse d'étendre à toutes les mutations immobilières le principe salutaire de la publicité, voulut aussi étendre l'obligation de la transcription aux testaments et même aux successions *ab intestat*. Le projet de loi fut rédigé conformément aux vœux de la commission ; mais dans son Rapport, M. Bethmont, conseiller d'Etat, indiqua que, dans la pensée du Conseil, les testaments n'étaient pas soumis à la transcription : « Confidents d'une pensée suprême, ces actes, disait-il, délibérés en face de la mort, sont souvent dépositaires des secrets les plus intimes de la famille ; on ne les publierait qu'en les profanant. » Le projet de loi n'aboutit donc pas ; et la question de savoir si les testaments devaient être transcrits fut nettement tranchée dans le sens de la négative par la loi du 23 mars 1855. Cette solution s'appliquait aussi par voie de conséquence aux successions *ab intestat*.

Restait une autre question à résoudre : celle des partages d'immeubles. Ici, l'ancien droit prévalut encore. « Partage et division, disait la coutume de Cambrésis, se peut faire entre

2

co-héritiors des héritages, terres et rentes à
eux échus par succession, soit par devant notaire et témoins ou autrement dûment, sans
qu'il soit besoin de les réaliser par œuvres de
loi, par devant les justices des lieux où les dits
héritages, terres et rentes sont situés. » La
commission extra parlementaire de 1849 s'était
bien prononcée en faveur de la transcription
des actes déclaratifs de propriété immobilière ;
tels que partages entre co-héritiers et co-par-
tageants. Mais la commission nommée pour
l'examen du projet de loi, ne fut pas du même
avis. « On ne doit soumettre à la nécessité de
la transcription, disait le rapporteur, M. Va-
tisméñil, que les actes qui opèrent une transmission de propriété. Or, le partage n'opère
pas de transmission, il n'est que déclaratif ;
le co-héritier auquel un immeuble échoit est
censé le tenir directement du défunt. Il en est
de même de la licitation, lorsque c'est un des
co-héritiers qui se rend adjudicataire. Il n'y a
de mutation que celle qui s'opère au moment
de l'ouverture de la succession ; les biens pas-
sent du défunt aux héritiers qui en sont immédiatement saisis ; mais cette mutation n'exige
pas de transcription.

« L'un des objets de la transcription, con-
tinue le rapporteur, est d'avertir les tiers que
la propriété a changé de mains et qu'ils ne

peuvent plus contracter avec l'ancien propriétaire; mais ceux qui contractent avec un cohéritier avant le partage, savent parfaitement que les droits qu'ils tiennent de lui sont conditionnels et dépendent de l'événement du partage; et ceux qui contractent après le partage ont soin de se faire représenter cet acte.

« La transcription, poursuit le rapporteur, sert en outre à mettre un terme à la faculté de prendre inscription sur le précédent propriétaire; mais la transcription du partage ne saurait atteindre un tel but. Elle ne peut empêcher que les créanciers du défunt qui ont des titres hypothécaires ne prennent inscription; et quant aux hypothèques que les héritiers autres que celui auquel échoit l'immeuble auraient pu, antérieurement au partage, constituer sur leur part indivise, elles s'évanouissent par cela seul que cet immeuble ne tombe pas dans leur lot.

Cette opinion fut partagée par les législateurs de 1855 qui la consacrèrent définitivement.

Cependant, il faut observer que le bénéfice de l'exemption de la transcription cesse, du moment que l'acte de partage ou de licitation n'est plus purement déclaratif de propriété. Aussi, est-il actuellement de jurisprudence bien établie que la transcription est nécessaire toutes les fois que le partage ou la licitation n'interviennent pas entre co-propriétaires arrivant au même titre ou que l'indivision ne cesse pas complètement. Car dans ces deux cas le partage ou la licitation ne sont plus en réalité déclaratifs mais translatifs de propriété.

J'ajoute maintenant que les actes sous-seings privés, sont, comme les actes authentiques, admis à la transcription ;

Que le défaut de transcription ne rend pas nul le contrat, mais le laisse sans effet à l'égard des tiers ;

Que la transcription ne couvre pas les vices soit intrinsèques, soit extrinsèques de l'acte ;

Et qu'en résumé tout acte entre-vifs portant transmission ou mutation d'un droit immobilier quelconque ou renonciation à un droit de cette nature, est soumis à la transcription.

Je dois borner à ces quelques mots l'interprétation des deux premiers articles de notre loi, car il me paraît superflu et hors de propos de faire une énumération complète des actes à transcrire, et de m'étendre sur chacun d'eux.

Cependant, vous me permettrez de m'arrêter

un instant sur les sociétés et particulièrement sur l'association conjugale.

En droit, on distingue communément la société, être moral, des associés pris individuellement. Ce principe est admis sans discussion, pour les sociétés commerciales; mais la question est controversée pour les sociétés civiles. Quoiqu'il en soit, dès qu'un immeuble, apporté en société, cesse d'être la propriété individuelle de l'associé, pour devenir la propriété exclusive de la société ou des associés considérés *ut universi*, il y a mutation de propriété et par conséquent nécessité de transcrire. Cette transcription en effet, peut seule empêcher le propriétaire originaire de l'immeuble, d'en disposer comme s'il en était encore le maître et de tromper les tiers en leur dissimulant la cession qu'il en a faite à la société.

Il en est de la communauté entre époux comme de la société; la communauté est considérée en droit comme une personne morale, ayant une existence propre, distincte de celle des conjoints. Il en résulte que lorsque les époux ou l'un d'eux font entrer en communauté, conformément à l'article 1505 du C. C., tout ou partie de leurs immeubles, présents ou futurs, par une clause dite d'ameublissement, la propriété de ces immeubles passe

immédiatement à la communauté; une mutation s'opère au profit de celle-ci, mutation qui
donne lieu à la formalité de la transcription
du contrat de mariage.

Enfin, la loi du 23 mars 1855 a en outre
assujéti à la formalité de la transcription les
baux d'une durée de plus de 18 ans et les
quittances de fermages ou loyers non échus;
cette précaution est justifiée. En effet, lorsque
le bail est authentique ou lorsqu'il a date cer-
taine, l'acquéreur de l'immeuble loué est
obligé de le subir, quelque onéreux qu'il soit
dans ses conditions. Les créanciers du bail-
leur, de leur côté, subissent la dépréciation
qu'il opère dans leur gage. Il y avait donc
nécessité de rendre ces baux publics. Mais
cette règle ne devait pas être étendue à toute
espèce de baux quelle qu'en soit la durée. Le
législateur a, en conséquence, déterminé une
limite au-delà de laquelle le bail doit être
transcrit : c'est lorsqu'il est d'une durée de
plus de dix-huit ans.

D'autre part, les paiements de fermages ou
de loyers par anticipation, ou la cession des
loyers ou fermages, exposant les acheteurs,
les créanciers poursuivant la saisie et les ad-
judicataires à se voir privés pendant un temps
plus ou moins long, des fruits de la chose

vendue ou hypothéquée, diminuent la valeur
de l'immeuble et du gage, et par suite doivent
être rendus publics, mais seulement lorsque
la quittance ou la cession est d'une somme
équivalente à trois années de loyers ou fermages.

L'obligation de la transcription ainsi édictée,
il fallait une sanction à l'accomplissement de
cette formalité. Cette sanction se trouve dans
l'art. 3 de notre loi :

« Jusqu'à la transcription, porte cet article,
les droits résultant des actes et jugements
énoncés aux articles précédents ne peuvent
être opposés aux tiers qui ont des droits sur
l'immeuble et qui les ont conservés en se con-
formant aux lois.

« Les baux qui n'ont point été transcrits ne
peuvent jamais leur être opposés pour une
durée de plus de 18 ans. »

Entre les contractants tout est consommé
par le seul consentement des parties ; mais les
droits de propriété immobilière et autres droits
immobiliers ne sont transmis à l'égard des
tiers et ne sont consolidés vis-à-vis d'eux que
par l'accomplissement de la formalité de la
transcription. Ainsi, celui qui s'est dépouillé
d'un droit de cette nature en faveur d'une

personne peut encore en investir une autre
tant que la première n'a pas fait transcrire
son titre. En un mot, entre deux personnes à
qui le propriétaire a consenti des droits sur un
immeuble, celle-là devra triompher qui, la
première, aura fait transcrire son titre. De
même, si nous supposons un créancier hypothécaire en lutte avec un acquéreur, le créancier qui aura fait inscrire son hypothèque
avant la transcription de la vente l'emportera,
quand même cette hypothèque aurait été consentie après la vente. C'est au contraire l'acquéreur qui triomphera si la vente est transcrite avant l'inscription de l'hypothèque. Mais
il n'y a que les tiers qui ont des droits sur
l'immeuble, remarquons-le bien, qui peuvent
opposer le défaut de transcription. Les créanciers chirographaires, par exemple, ne peuvent
s'en prévaloir.

La sanction édictée par l'article 3 de la loi
de 1855 n'est en fait que la consécration de la
règle établie pour toute espèce d'aliénations
par l'art. 2166 du C. C., règle d'après laquelle un immeuble ne pouvait plus, en général, être frappé d'inscription une fois qu'il
était sorti du patrimoine du débiteur.

Mais cette règle avait été modifiée, en ce qui
concernait les aliénations volontaires, par l'art.
834 du Code de proc., selon la disposition

duquèl, les créanciers ayant sur un immeuble une hypothèque non inscrite ou un privilége non conservé au moment de l'aliénation de cet immeuble, étaient admis à inscrire cette hypothèque ou à conserver ce privilége jusqu'à l'expiration de la quinzaine, à dater de la transcription de l'acte d'aliénation.

Les mêmes principes s'appliquaient aux priviléges qui, bien que dispensés d'inscription en règle générale, y sont cependant soumis en cas d'aliénation, mais non aux hypothèques légales des femmes mariées, des mineurs et des interdits dont la situation restait et reste encore régie par l'art. 2121 du C. C.

L'art. 6 de la loi du 23 mars 1855 a abrogé l'art. 834 et supprimé le délai de quinzaine. Les créanciers privilégiés ou hypothécaires qui, autrefois, avaient ce délai à partir de la transcription pour prendre inscription sur l'immeuble aliéné, ne peuvent plus, aujourd'hui, en général, inscrire utilement leurs priviléges ou hypothèques dès que la vente a été transcrite.

Cette nouvelle règle s'applique :

Aux priviléges généraux résultant des art. 2101 et 2105 du C. C.;

Et au privilége des architectes, entrepreneurs et ouvriers.

Dans le projet primitif du Conseil d'Etat,
tous les privilèges non inscrits étaient purgés,
une fois la transcription opérée; c'était la
conséquence du nouveau système qui était
consacré par la loi. On assurait de cette manière à la transcription des effets plus absolus
en faveur des transactions sur la propriété.
On arrivait à un affranchissement plus complet
des charges qui peuvent la grever; mais par
suite des graves considérations qui ont été
présentées, une exception a été introduite au
profit du vendeur et du co-partageant. Un délai
de quarante-cinq jours à dater de la vente ou
du partage leur est accordé par le second
alinéa de l'article 6, pour inscrire leur privilége, nonobstant toute transcription d'actes
faits dans ce délai.

M. Duclos, membre du Corps législatif, aurait voulu qu'une disposition fût insérée dans
la loi pour garantir dans un délai convenable,
l'exercice du droit résultant de l'article 2111
du C. C., relatif à la séparation des patri-
moines. Sa demande ne fut pas accueillie. Par
suite, tant que les six mois depuis l'ouverture
de la succession ne seront pas écoulés, les
créanciers héréditaires pourront s'inscrire,
nonobstant l'aliénation de l'immeuble, et pri-
mer non-seulement les créanciers chirographaires de l'héritier, mais aussi ses créanciers

hypothécaires qui auraient pris inscription en temps utile.

Lors de la discussion de la loi de 1855, M. Duclos demanda que M. le Rapporteur s'expliquât sur le point de savoir si la transcription du dernier contrat de vente suffirait pour opérer la purge au profit de l'acquéreur relativement aux précédents propriétaires dont les noms seraient mentionnés dans le contrat, alors qu'il y avait eu plusieurs ventes successives, non transcrites du même immeuble.

Selon M. Allart, membre de la Commission, la question était résolue par la loi nouvelle, qui disait clairement que la transcription opère la purge à l'égard de tous ceux qui n'ont pas fait inscrire antérieurement leurs droits.

M. de Belleyme, rapporteur, faisait, au contraire, observer que la question posée par M. Duclos était une question de régime hypothécaire qui partage les cours et que la loi nouvelle n'avait pas pour objet de résoudre.

Cette question, en effet, est très débattue. Selon les uns, on doit faire une distinction entre le cas où le dernier contrat rappelle la nomenclature exacte de tous les précédents vendeurs, et celui où le contrat ne contient pas cette nomenclature. Dans le premier cas, il suffisait de faire transcrire le dernier contrat;

et dans le second, il faudrait aussi faire transcrire tous les contrats antérieurs.

Selon d'autres, les contrats antérieurs doivent toujours, et dans tous les cas, être transcrits en entier.

La distinction faite par les premiers me paraît subtile, car en fait, le Conservateur qui transcrit un contrat n'a pas à faire mention sur ses registres des noms des précédents vendeurs, lesquels échappent ainsi à la publicité, contrairement au vœu de la loi.

La Cour suprême a jugé la question sous l'empire du Code civil (arrêt du 14 janvier 1818), et a décidé que la transcription du dernier contrat suffisait. La question est demeurée la même sous l'empire de la loi nouvelle, et comme auparavant il faut, selon la Cour de Cassation, reconnaître que la transcription du dernier contrat suffit pour purger les droits des créanciers hypothécaires non inscrits avant cette formalité, et cela sans qu'il soit nécessaire que le contrat contienne la nomenclature des précédents contrats ou possesseurs.

Il n'en serait pas de même pour consolider la propriété ; cette consolidation n'est assurée sur la tête de l'acquéreur que si tous les actes qui ont transféré la propriété à tous ses ayants-cause et qui étaient sujets à la transcription, ont été soumis à cette formalité.

Je viens de constater les effets de la transcription au point de vue de la purge des hypothèques ordinaires ; j'examinerai maintenant, ces effets, au regard des droits du vendeur et de son action résolutoire.

L'article 7 de notre loi porte :
« L'action résolutoire établie par l'art. 1654 du C. C. ne peut être exercée, après l'extinction du privilége du vendeur, au préjudice des tiers qui ont acquis des droits sur l'immeuble du chef de l'acquéreur et qui se sont conformés aux lois pour les conserver. »

D'après les principes du C. C., l'action résolutoire que le vendeur peut intenter aux termes de l'article 1654 était occulte ; elle n'était soumise à aucune condition de publicité. D'assez nombreux inconvénients résultaient de cette clandestinité. La suppression de cette action avait même été demandée à l'Assemblée législative ; mais la loi du 23 mars n'a pas été aussi loin. En laissant subsister les principes du Code relatifs à l'action résolutoire, lorsqu'il s'agit des rapports entre le vendeur et l'acheteur, elle se borne, dans l'in-

térêt des tiers, à limiter l'exercice de cette
action par une condition de publicité, ou
plutôt à rattacher son existence à celle du
privilége. Ainsi, une fois le privilége éteint,
éteinte aussi se trouve l'action résolutoire.
Quand donc se perd le privilége?

Tant que l'immeuble est encore la propriété
du premier acquéreur et que celui-ci n'a pas
grevé son immeuble, la péremption de l'inscription n'éteint pas le privilége, et cela lors
même que la transcription de l'acte de vente
n'aurait pas eu lieu. Le vendeur peut toujours renouveler son inscription.

Mais si l'immeuble demeuré la propriété du
premier acquéreur a été hypothéqué par celui-ci, la situation est plus délicate ; aussi la
controverse devient-elle très vive. Quelques
auteurs prétendent que même dans ce cas le
privilége subsiste et prime les créanciers hypothécaires de l'acquéreur. Ils se fondent pour
soutenir leur opinion sur ce fait : que la
transcription conservant à elle seule, et sans
le secours d'aucune inscription, le privilége,
et que la transcription n'étant pas, comme
l'inscription, assujétie au renouvellement, on
doit en conclure que le contrat de vente, une
fois transcrit, le privilége du vendeur subsiste
et se maintient, sauf les cas d'extinction énu-
mérés dans l'art. 2180 et au nombre desquels

ne se trouve pas le défaut de renouvellement.

Quelle que soit l'autorité des jurisconsultes qui ont émis cette opinion, il me parait difficile de s'y rallier et d'admettre les bases de leur raisonnement qui reposent uniquement sur une interprétation inexacte de l'art. 2108 du C. C. Et on est heureux de se retrouver en compagnie de M. Troplong qui soutient la thèse contraire. Au surplus, la Cour de Paris, par arrêt du 30 novembre 1860, a décidé, conformément à cette dernière opinion, que le vendeur qui n'a pas renouvelé en temps utile l'inscription de son privilége, est déchu de l'action résolutoire à l'égard des créanciers de l'acquéreur postérieurement inscrits, et que la transcription et l'inscription d'office prise par le Conservateur, ne dispensaient pas le vendeur de renouveler dans les dix ans l'inscription de son privilége.

Pareillement, le vendeur qui n'a pas renouvelé en temps utile l'inscription de son privilége, perd tous droits résultant de l'action résolutoire, au cas d'une revente transcrite avant le renouvellement.

Ici finit, à proprement parler, le commentaire de la loi sur la transcription, mais les auteurs de cette loi y ont ajouté comme appendice, deux dispositions qui sont étrangères à la matière de la transcription, quoique s'y rattachant par certains côtés. Ce sont les articles 8 et 9 : le premier, relatif à l'inscription de l'hypothèque légale des femmes, des mineurs et des interdits, lorsque l'incapacité a cessé ; le second, aux subrogations dans l'hypothèque légale de la femme.

L'art. 8 est ainsi conçu : Si la veuve, le mineur devenu majeur, l'interdit relevé de l'interdiction, leurs héritiers ou ayants-cause, n'ont pas pris inscription dans l'année qui suit la dissolution du mariage ou la cessation de la tutelle, leur hypothèque ne date à l'égard des tiers, que du jour des inscriptions prises ultérieurement.

Cette disposition est la reproduction abrégée des art. 58, 63 et 64 de l'édit du mois de mars 1673, dû à la sagesse de Colbert, qui dès cette époque avait essayé, mais vainement, d'introduire dans la législation la publicité des hypothèques.

L'article porte : *Le mineur devenu majeur;* il en résulte que si la tutelle vient à finir par l'émancipation du mineur, l'article n'est pas applicable. L'émancipation, en effet, si elle relâche les liens de l'incapacité, ne la fait pas cesser entièrement ; et le mineur émancipé n'a pas encore acquis l'expérience et la maturité nécessaires pour se passer de la protection de la loi.

L'article 8 parle aussi de la *cessation de la tutelle;* mais ces mots n'ont de rapport qu'à l'incapable, et il est bien évident que lorsque la tutelle vient à cesser par la mort, la retraite, la destitution du tuteur, l'incapacité continuant, le privilége attaché à l'état de minorité ne peut être retiré.

En désignant *la veuve,* l'article suppose que le mariage a été dissous par le prédécès du mari ; en désignant *les héritiers,* il suppose qu'il a été rompu par le prédécès de la femme. La raison de la loi est la même dans les deux cas.

Ce que je dis relativement à la dissolution du mariage, opérée par le prédécès de la femme, s'applique également au cas de cessation de la tutelle par le décès du mineur ou de l'interdit, quoiqu'il ne soit parlé, dans l'article, que du mineur devenu majeur, de l'interdit retiré de l'interdiction. Ce sont là de pures chicanes de grammaire qui ne méritent pas qu'on s'y arrête.

L'article 8 parle aussi de la dissolution du mariage et non de la séparation de biens, parce que celle-ci, quoique rendant à la femme

l'administration de sa fortune, la laisse néanmoins dans la dépendance de son mari.

La femme, après sa séparation, soit de corps,
soit de biens, continuera donc de jouir, tant
que durera le mariage, d'une hypothèque
légale dispensée d'inscription, mais seulement
jusqu'au paiement effectif de ses droits et reprises.

Cette hypothèque qui s'applique non-seulement à la dot, mais aux autres conventions
matrimoniales, subsistera même après le
paiement des reprises de la femme, s'il existe à
son profit quelque droit de survie qui ne peut
être exercé qu'au décès du mari.

Elle subsistera encore, à mon sens, même
après ce paiement, pour le cas où la femme
aura aliéné tout ou partie de ses biens avec
l'autorisation de son mari, car au dit cas d'a-
liénation l'autorisation de ce dernier pouvant
être refusée par lui, il a, en la donnant, en-
gagé à nouveau sa responsabilité.

L'hypothèque légale qui frappe tous les
biens du tuteur ou du mari, même ceux acquis après la cessation de la tutelle ou la dissolution du mariage, doit, pour conserver ses
effets, être inscrite dans l'année de la cessation
de la tutelle ou du mariage. Si l'inscription
n'est pas faite dans ce délai, elle perd le rang
que lui assignait l'art. 2135. Pendant l'absence

de l'inscription, elle ne produira aucun effet à l'égard des tiers ; mais du jour où elle sera inscrite, l'hypothèque légale s'étendra soit aux biens actuels, soit aux biens à venir sur lesquels elle prendra rang à la date de l'inscription. De telle sorte que si cette inscription n'est faite qu'après l'expiration de l'année qui suit la dissolution du mariage ou la cessation de la tutelle, elle ne grevera que les immeubles qui appartiendront alors au mari ou au tuteur et ceux acquis postérieurement ; mais les biens qui auront été aliénés pendant la durée du mariage ou de la tutelle, avant l'inscription, en seront affranchis.

Enfin, l'article 9 de la loi du 23 mars 1855 porte :

Dans le cas où les femmes peuvent céder leur hypothèque légale ou y renoncer, cette cession ou cette renonciation doit être faite par acte authentique, et les cessionnaires n'en sont saisis à l'égard des tiers, que par l'inscription de cette hypothèque prise à leur profit, ou par la mention de leur subrogation en marge de l'inscription préexistante.

Les dates des inscriptions ou mentions déterminent l'ordre dans lequel ceux qui ont obtenu des cessions ou des renonciations exercent les droits hypothécaires de la femme.

Les femmes mariées interviennent souvent dans les actes passés entre les tiers et leurs maris, afin de venir en aide au crédit de ces derniers. C'est alors qu'ont lieu ces stipulations, profondément entrées dans les habitudes de la pratique et connues sous le nom de subrogation ou renonciation à l'hypothèque légale.

Du reste, les subrogations ou renonciations ne sont pas seulement expresses; elles peuvent aussi être tacites, c'est-à-dire s'induire de faits qui prouvent nécessairement l'intention de subroger ou de renoncer à l'hypothèque.

La doctrine, en l'absence de textes formels sur cette importante matière, a déduit des principes généraux du droit des règles, pour faciliter la solution des difficultés qu'elle peut faire naître, en reconnaissant cependant que les théories ne devaient pas résister aux faits et que trop de radicalisme dans les déductions de droit, conduirait souvent à la violation de la volonté des parties contractantes, c'est-à-dire, dans certains cas, à l'injustice.

La matière qui nous occupe a du reste soulevé de nombreuses difficultés et a donné lieu à une controverse des plus animées.

Je n'ai pas l'intention d'aborder ici toutes les questions que suscite, dans la pratique des affaires, cette matière si délicate et cependant si usuelle. Je dois me borner à quelques aperçus et à quelques solutions.

Il est un point que je dois examiner tout d'abord : c'est la question de savoir dans quels cas la femme mariée peut subroger à son hypothèque légale ou y renoncer.

Les femmes mariées, soit sous le régime de la communauté, soit sous celui de séparation de biens, soit sous le régime exclusif de communauté, soit même sous le régime dotal, peuvent subroger ou renoncer à leur hypothèque, à la condition que dans le dernier cas l'hypothèque ne garantisse que des reprises paraphernales.

Il est évident que si l'hypothèque garantissait des reprises dotales, la subrogation ou la renonciation serait inefficace, à moins que le contrat de mariage ne contint une clause spéciale. Car l'hypothèque légale de la femme est un droit immobilier qui d'après l'art. 1554 du C. C. est inaliénable, en ce sens que la femme ne saurait s'en priver au préjudice de ses droits dotaux. L'hypothèque est un *jus in re*, un démembrement de la propriété, c'est un immeuble : les immeubles dotaux sont inaliénables.

Lors donc que la femme peut librement dis-

poser de son hypothèque légale , peut-elle
céder cette hypothèque principalement et in-
dépendamment de la créance? Cette question
très controversée est fort obscure; cependant
la majorité des auteurs et avec eux M. Troplong pensent que la femme peut céder son
hypothèque légale à un créancier de son mari,
même lorsque ce créancier n'a pas encore
d'hypothèque.

Dans tous les cas, deux conditions sont aujourd'hui exigées pour que les cessionnaires
de la femme soient saisis à l'égard des tiers :
l'authenticité de l'acte de subrogation et sa
publicité. L'une de ces conditions était la
raison déterminante de l'autre... L'acte de
subrogation, dit l'exposé des motifs de la loi,
doit être authentique, puisqu'il doit servir de
première base à une inscription qui ne peut
se fonder que sur un acte solennel.

Mais ce n'est qu'à l'égard des tiers que
l'authenticité de l'acte de subrogation et son
inscription sont exigées. Respectivement à la
femme, la subrogation contenue dans un acte
sous-seing privé, ne serait pas moins valable
que si l'acte eût été passé dans la forme authentique et rendu public par la voie de l'inscription. La femme , en concours avec ce
créancier dans un ordre, ne pourrait donc pas
empêcher ce dernier de prendre sa place et de

se faire colloquer, avant elle, sur les biens du mari.

La subrogation n'a pas toujours besoin d'être exprimée; elle peut s'induire de certaines clauses, de certaines circonstances, qui impliquent de la part de la femme, l'intention de subroger le créancier dans l'effet de son hypothèque légale; et, dans ce cas, la subrogation tacite a la même force que la subrogation expresse.

Ainsi, il est de jurisprudence que le concours de la femme à l'acte par lequel un créancier du mari stipule une hypothèque de son débiteur, avec obligation solidaire de la femme, emporte virtuellement de la part de celle-ci, subrogation dans son hypothèque légale en faveur de ce créancier.

En effet, concourir avec un débiteur à hypothéquer un fonds qui nous est hypothéqué à tous deux, c'est bien se désister de son hypothèque sur ce fonds en faveur de celui envers qui on consent cette hypothèque et en investir celui-ci. A quelle autre fin ce concours pourrait-il être exigé, si ce n'est dans le fait de son obligation personnelle; et l'on sait que, dans l'usage, le créancier veut avoir pour obligés le mari et la femme, en vue surtout de l'hypothèque légale qui lui donne la priorité sur les autres créanciers.

Mais lorsque la femme ne fait que cautionner la dette du mari, ou même lorsqu'elle s'oblige solidairement avec lui, envers un créancier purement chirographaire de ce dernier, on ne saurait voir dans ce fait, une subrogation tacite à son hypothèque légale. A quel titre ce créancier, qui s'est contenté de l'obligation personnelle du mari et de la femme, pourrait-il se dire subrogé dans l'hypothèque légale de celle-ci? Il n'y a point ici, comme dans le cas précédent, de stipulation d'hypothèque à laquelle la femme ait concouru et qu'elle soit tenue par cela même de faire valoir.

Ainsi, toutes les fois que dans un acte d'obligation la femme intervient, et qu'elle subroge soit tacitement, soit par une clause expresse, le créancier dans l'effet de son hypothèque légale, cette subrogation doit être inscrite, soit en mentionnant simplement le concours solidaire de la femme, soit en relatant dans l'inscription la subrogation spéciale consentie par elle.

Ces principes établis, il semble qu'on devait admettre comme indiscutable que la femme qui se porte co-venderesse, avec son mari, d'un immeuble appartenant à ce dernier, doit également être présumée avoir renoncé par cela même, au profit de l'acquéreur, à son hypothèque légale sur cet immeuble, et que la transcription du contrat de vente devait suffire pour rendre publique cette renonciation.

Et cependant ce point de droit divise les auteurs les plus compétents.

Les uns prétendent que l'acquéreur au profit duquel la femme du vendeur a renoncé à son hypothèque légale, et qui a fait transcrire son contrat, est tenu de requérir l'inscription de cette hypothèque, pour s'assurer au regard des tiers, le bénéfice de la renonciation. Quoiqu'il soit assez extraordinaire de voir un acquéreur inscrire sur son propre immeuble une hypothèque à laquelle sa femme a renoncé, et qui par suite doit être éteinte, il n'en est pas moins vrai que plusieurs tribunaux se sont ralliés à cette opinion, confondant, ce me semble, le cas de renonciation, avec celui où la femme ne fait que subroger un créancier dans des droits qui lui compètent, cession qui, en fin de compte, n'est autre chose qu'une cession d'antériorité.

D'autres auteurs néanmoins, plus pratiques selon moi, considèrent l'intervention et le concours de la femme à un contrat de vente comme extinctif de son hypothèque légale, et trouvent suffisante la transcription de ce contrat pour dégrever l'immeuble de cette hypothèque, au regard des tiers. C'est du reste, dans ce sens, que s'est prononcée la Cour de Dijon dans un arrêt du 4 août 1880 qui, je l'espère, fera règle sur la matière pour l'avenir.

Telle est, Messieurs, l'œuvre de nos législateurs de 1855.

Apprécions à sa juste valeur l'importance des innovations consacrées par eux; reconnaissons que dans les limites où ils se sont tenus ils ont réalisé une œuvre utile; mais défions-nous de toute idée empreinte d'enthousiasme et d'exagération.

Un grand pas a été fait dans le domaine du régime hypothécaire; mais il reste encore beaucoup à faire.

Puissent donc nos législateurs actuels mettre un terme à la discussion stérile des questions de partis, pour ne s'occuper que du perfectionnement de nos lois! A ce prix, ils acquerront des droits incontestables à notre reconnaissance.

4759 — Toulon, Typ. E. COSTEL, cours Lafayette, 74.